Hier zur sichten:

Ein Nachtrag von Gedichten

Näheres über die von Hubertus Scheurer veröffentlichten Bücher finden Sie im Internet unter: www.hubertus-scheurer.de

Bibliografische Information der Deutschen Nationalbibliothek:Die Deutsche Nationalbibliothek verzeichnet diese Publikationin der Deutschen Nationalbibliothek; detaillierter bibliografische Datensind im Internet über http://dnb.dnb.de abrufbar.

©2019 Andreas Herrmann / Hubertus Scheurer
Herstellung und Verlag: BoD – Books an Demand, Norderstedt

ISBN 978-3-7481-0612-8

Zur Vorgeschichte

Im großen Kochbuch wurden die Bücher "Erlebnisse im Hotel mit König Alfred und seinem Hanswurst" unter Berücksichtigung der Zensur durch das Landgericht Hamburg, Band I – VIII zusammengefaßt.

Jeder Band wird mit dem vollständigen Vorwort in einem Kapitel dargestellt, während die dazugehörigen Gedichte nur einen Auszug bilden, damit der übliche Rahmen eines Taschenbuches nicht gesprengt wird.

Zuletzt wurden die Bücher "Ein Lyrikcocktail",
"Kaum zu glauben" und
"Ein sogenannter Rechtsanwalt wird zur Kack-Phantom-Gestalt"
herausgebracht.

Inhaltsverzeichnis

Blockwart für Block

Herr Block verhält sich oft gemein,
Strebt trotzdem nach dem Heilgenschein;
Um aufzuzeigen seine Art
Wurd tätig ich als der Blockwart.

Eugens Pufflysee

In dem großen Pufflysee
Gab´s nebst Huren auch mal Schnee,
Wenn es wurd durch Kriminelle
Zur Drogenübergabestelle.

Gäste, die die Drogen nahmen,
Fanden im Hotel den Rahmen
Um dort selig nachts zu schlafen,
Elysisch im sichren Hafen.

So wurd Eugens Pufflysee
Wirtschaftlich zur Traumidee
Und er selbst zum Großmagnaten
Heilsverbundner Wirtschaftstaten.

Der Pufflysator

Eugen Block wurd kein Senator,
Wollte er auch gar nicht sein,
Vielmehr wurd er Pufflysator,
Bestimmt damit ganz allein,

Was in seinem Pufflysee,
Das an der Moorweide steht,
Wo man huldvoll reicht ihm Tee,
Tag für Tag so vor sich geht.

Daran kann er sich berauschen,
In dem Pufflysatorsein,
Würd mit keinem Ratsherrn tauschen,
Rat, den holt man bei ihm ein.

Lord Kack mit Grafenhut

Ich fahr auf der gleichen Spur
Wie der Graf von Dorincourt,
Und sein schöner gelber Hut
Ständ mir auch genauso gut.

Lord Kack von dem Pufflysee
Kam da folgende Idee:
Solchen Hut kauf ich mir auch,
Trag ihn nach des Grafen Brauch.

In Bildern sind sie nun zu sehn,
Sie scheinen sich sehr nah zu stehn,
Die beiden mit dem gleichen Hut,
Das tut Lord Kack besonders gut.

Der Blockhouseadel

Eugen Block der ist auf Zack,
Der kleine und der große Kack
Bilden eine neue Sparte
In der Blockhouse-Speisekarte.

So zieht nun auf diese Weise
Lord Kack hier auch seine Kreise
Und das Blockhouse, wirklich klug,
Schafft zum Adel den Bezug.

Die Erkenntnis

Eugen meinte, keine Frage,
Ich bin Herr in jeder Lage,
Doch dann ließ er einen fliegen,
Wollte ihn darauf noch kriegen,
Auch in Fluggeschäften siegen

Und lief gegen eine Wand,
Hat dann selber klar erkannt:
Es gibt Dinge hier im Leben,
Da lieg sogar ich daneben.

Die Block-Skulptur

Vorm Hotel schwingt Eugen Block
Als Skulptur den Keulenstock
Und schlägt ihn den Direktoren
Wütend, kräftig um die Ohren.

Damit weiß nun jedermann,
Was ihn dort erwarten kann,
Wenn der Block selbst Direktoren
Läßt im Haus nicht ungeschoren.

Rücksichtslos

Rücksichtslos mit der Macht
Hat es Eugen weit gebracht,
Für ihn zählt das große Geld,
Darum dreht sich seine Welt.

Direktoren sind im Bogen
Hoch aus seinem Haus geflogen
Und jeder Gast, der ihm nicht paßt,
Wurde ebenfalls geschasst.

Rücksichtslos, mit diesem Wort
Lebt er im Gedächtnis fort,
Wenn er eines Tages dort
Unten in der Hölle schmort.

Zwiebel statt Bibel

Im Blockhouse braucht man keine Bibel,
Jedoch für das Steak die Zwiebel,
Und was für den Papst die Bibel
Ist für Eugen Block die Zwiebel.

Sie belebt, sie stärkt die Nerven
Und kann sein Gedächtnis schärfen;
Heilig könnte er auf Erden
Zudem ohnehin nicht werden;
Deshalb setzt er auf die Zwiebel
Mit dem Steak statt auf die Bibel.

Glockenläuten

Eugen Block, Du alte Socke,
Hörst Du läuten nicht die Glocke,
Die Dir sagt, Du wirst bald sterben,
Sichte vorher noch die Scherben

Von dem, was Du hast zerschlagen,
Diese Last, Du mußt sie tragen,
Wird ins Jenseits Dich begleiten,
Tust Du Buße nicht beizeiten.

Eugen, Eugen, alte Socke,
Sei nicht taub und hör die Glocke,
Noch ist Zeit für eine Wende
Hin zu einem bessren Ende.

Die Selbstentleibung

Eugen wurde als vergreister
Pufflysator immer dreister;
Ließ durch seinen Anwalt schreiben,
Ich sollte mich selbst entleiben.

Damit würd ich nämlich zeigen,
Daß mir Selbstkritik zu eigen,
Die bei meines Falles Schwere
Sicher angemessen wäre.

Schulz und Eugen mögen jammern,
Heute fehln Vergasungskammern;
Der Staat würd sonst als Feind des Bösen
Den Fall in ihrem Sinne lösen.

Der verheiligte Eugen

Hätte Erfolg das Anwaltschreiben
Und ich würd mich selbst entleiben,
Könnt Eugen sich die Hände reiben,
Schon deshalb muß es unterbleiben.

Eugens Wünsche aber zeigen,
Welcher Geist ihm wirklich eigen,
Kaum jener, den die Presse dreist
Als den heilgen bei ihm preist. *

Doch geht es um Machtinteressen
Ist die Wahrheit schnell vergessen,
Und die Presse wird vor Eugen
Sich nur allzu gern verbeugen
Ihm die Heiligkeit bezeugen.

* Springers Blatt " DIE WELT "
bezeichnete Eugen Block als
Symbiose aus Kaufmannsgeist
und Heiligem Geist.

Eugens Visage

Eugen Block, der Kackmogul,
Fiel vor Schreck von seinem Stuhl
Als er sah seine Visage
In meinem Buch, welche Blamage.

Eugen rief darauf empört,
Das ist wirklich unerhört,
Bitter wird sich das noch rächen,
Der Autor soll noch einmal blechen !

Eugens Flugbarhocker

Eugen Block der alte Narr
Ist im Kopf nicht mehr ganz klar,
Fiel vom Hocker vor der Bar,
Rief: Der Flug war wunderbar !

Demnächst flieg ich von der Bar
Zum Urlaub nach Schloß Miramar,
So erspar ich Zeit und Geld
Und erkunde sie, die Welt.

Nach dem Hochmut kommt der Fall

Eugen, wir sind nicht am Ende,
Reib Dir nicht zu früh die Hände;
Gilt für Dich und überall:
Nach dem Hochmut kommt der Fall.

Du wirst dann mit lautem Knallen
Wieder auf die Nase fallen;
Ist Dein Geldsack noch so prall,
Nach dem Hochmut kommt der Fall.

Die Verleumdung, laß Dir sagen,
Sie wird bittre Früchte tragen;
Ich bin weiterhin am Ball,
Nach dem Hochmut kommt der Fall.

Eugen und die Gans

Ein schönes Haus vom Park umgeben,
Eugen Blocks privates Leben
Vollzieht sich nah der Alten Mühle,
Fernab von Hamburgs Stadtgewühle.

Bei dem morgendlichen Gehen
Konnte eine Gans man sehen;
Sie war Eugens Wegbegleiter,
Blieb er stehn, ging sie nicht weiter.

Eines Tages früh im Garten
War die Gans bereits am Warten,
Und Eugen kam aus seinem Haus
Ungewohnt verspätet raus.

Doch dann blieb er plötzlich stehen,
Ihm fehlte die Lust zum Gehen;
Das bemerkte auch die Gans,
Lief zu ihm, zog ihn am Schwanz;
Darauf drehten sie die Runde
Eine gute halbe Stunde.

Der Wiedehopf

Plötzlich hatte Eugen Block
Wieder einmal Darmbeschwerden,
Es rumorte unterm Rock,
Das konnte ja heiter werden.

Denn das WC war besetzt,
Vor ihm, in dem Grandhotel;
Eugen reagierte jetzt
Überlegt und trotzdem schnell.

Ja, er kackte voller Wut,
Und die kannte man im Haus,
In seinen Zylinderhut,
Es ging nochmal glimpflich aus.

Dies geschah kurz vor dem Essen
In dem großen Speisesaal,
Danach war der Fall vergessen,
Alles schien nun ganz normal.

Eugen setzte sich den Hut
Mit der Kacke auf den Kopf,
Was herausfiel stand ihm gut,
Mit dem Würsten an dem Schopf
Glich er einem Wiedehopf.

Kaktus als Symbol

Sicher wär der Kaktus wohl
Das geeignete Symbol,
Um der Mitwelt klar zu zeigen,
Was dem Eugen Block zu Eigen.

Weil der Kaktus deutlich zeigt,
Was man allgemein verschweigt:
Block, mit Stacheln stark durchwoben,
Wurde zum Lord Kack erhoben.

Der Kaktus

Außen stachlig, im Kopf hohl,
Mit dem Kaktus als Symbol
Werden wir wahrhaftig echt
Dem Lord Kack en bloc gerecht.

Ein rechter Ordensmann

Eugen Block der kann Klugscheißen,
Andren in den Hintern beißen,
Damit ist er alt geworden
Und bekommt jetzt einen Orden.

Von Hamburgs Räten, Sena-toren
Wurd Eugen dafür auserkoren,
Denn wer wie er gut treten kann,
Der ist ein rechter Ordensmann.

Kommt auf den Alsterwanderwegen
Den Menschen dieser Block entgegen,
Dann hebt das gleich den Ruf der Stadt,
Die solchen Ordensträger hat.

Das Penisphon

Schluß ist's mit der nassen Hose,
Seit in Hamburg der Famose,
Eugen schuf das Penisphon,
Unverwechselbar im Ton.

Schon beim allerersten Tropfen
Fängt das Phon an laut zu klopfen,
Und dann läuft der Eugen los,
Um zu schonen seine Hos.

Danach sieht man ihn frohlocken,
Meine Hose, die blieb trocken,
Dank meinem Erfindergeist,
Wie das Penisphon beweist.

Kacke in der Jacke

Eugen Block hat in der Jacke
Immer einen Haufen Kacke,
Und er sagt ganz unverhohlen,
Der ist für den Dieter Bohlen.

Damit, das ist nicht zum Lachen,
Werde ich ihm Freude machen,
Denn der Dieter hat 'ne Macke,
Er haut zu gern auf die Kacke.

Dabei erstrahlt sein Gesicht,
Eugen glänzt in dessen Licht,
Und die Kacke, sie macht Sinn,
Bringt dem Eugen so Gewinn.

Die Kack – Gebühr

Eugen Block plädierte für
Die sogenannte Kack-Gebühr,
Er wollt sie nach jedem Essen
In seinen Häusern selbst bemessen.

Zwei EURO fünfzig hielt er schon
Als angemessen pro Portion,
Denn recht beträchtlich wär der Posten
Für WC- Unterhaltungskosten.

Und kommt mehr rein, kommt auch mehr raus,
Da kennt der alte Block sich aus,
So will er das Bewußtsein weiten
Für Rein- und Rausgegebenheiten.

Die Block – Ikone

Eugen Block der ließ mir schreiben,
Ich sollte mich selbst entleiben,
Doch das ließ ich unterbleiben,
Sonst zähl ich zu den Ikonen,
Die bei ihm im Hause wohnen.

Nein, den deutschen Machtgeschöpfen,
Mit den abgefeimten Köpfen,
Werd ich nicht zum Opfer fallen,
Lassen sonst die Korken knallen.

Widerstand gilt es zu leisten,
Den Machthabern, diesen dreisten
Und zu schließen deren Türen,
Die zum tiefen Abgrund führen.

Die verkackte Hose

Stolz im Deutschsein, dies Erleben
Kann * Die weiße Rose * geben ;
Deshalb sollten wir sie hegen,
Und der Jugend ans Herz legen.

Doch sie scheint schon fast vergessen
Und wir haben heut stattdessen,
Man könnt sagen, die famose
Gepriesne verkackte Hose.

Das sind Männer wie Block, Eugen,
Die gern andre Menschen beugen,
Wenn sie es tatsächlich wagen,
Ihnen Kritisches zu sagen.

Für die Macht verkackter Hosen
Zählt nur Geld in großen Dosen,
Davon sind sie ganz besessen,
Lassen die Moral vergessen.

GEORG SCHULZ
Rechtsanwalt

RA Schulz · Böttgerstraße 1 A · 20148 Hamburg

Herrn
H. Scheurer
Brehmweg 35

22527 Hamburg

Georg Schulz
Böttgerstraße 1 A
20148 Hamburg
Tel. 040/530 25 07 - 20
Fax 040/530 25 07 - 30
info@Rechtsanwalt-Schulz.net

bei Antwort und Zahlung bitte angeben:

Scheurer s-pi

25.08.15

**Ihr Schreiben vom 20. Juli 2015 und was Sie im Anhang als „Gedichte"
bezeichnen**

Hallo Herr Scheurer,

warum Sie bei diesem Unrechtstaat, wie Sie sich ja vor vielen Jahren
im Verfahren beim Landgericht über die Beurteilung der Rechtsordnung
durch die Pressekammer ausgelassen haben, den Titel als Rechtsbei-
stand für sich auf Ihren Briefbogen schreiben, erscheint wenig verständ-
lich; oder gibt es Menschen, denen Sie i. S. dieses Begriffs Beistand
leisten?

Wann hat denn der intellektuelle und organische Zersetzungsprozess in
Ihrem Gehirn angefangen, sicherlich doch nicht vor Erwerb der Bezeich-
nung als Rechtsbeistand?

Warum nehmen Sie sich bloß weiterhin so ernst, dass Sie auf solche
„Verse" (?) offenbar nicht verzichten können?

Wenn Sie schon nicht zum Therapeuten gehen, um sich helfen zu las-
sen, dann bleibt Ihnen ja noch die Möglichkeit, sich lautlos und ohne
jede Theatralik, die Sie persönlich auch in solchen „Versen" zum Aus-
druck bringen, einfach das Leben zu nehmen.
Das wäre jedenfalls ein Zeichen angemessener Selbstkritikfähigkeit, Sie
tragisches Würstchen.

Mit freundlichen Grüßen

Georg Schulz

Commerzbank Hamburg · BLZ 200 400 00 · Kto.-Nr. 3882420 00
IBAN DE37 2004 0000 0388 2420 00 · BIC COBADEFFXXX
St.-Nr. 42/223/01462

25

Georg Schulz ist tot

Das Zeitliche hat ihn gesegnet,
Georg Schulz's Kollegen trauern,
Bin ihm vor Gericht begegnet
Und muß seinen Tod bedauern,

Weil die Opernstarkarriere, *
Die er sollte vor sich haben,
Für mich noch ein Thema wäre,
Wurde nun mit ihm begraben.

Sh.: „ Der Opernstar " in: Kaum Zu Glauben, S. 24

Axel Springer

Der Verleger, Axel Springer,
Großkotz und Moralbezwinger,
Konnte sich daran berauschen,
Seine Frauen auszutauschen. *

Menschenverachtend, nicht integer,
Ungeeignet als Verleger,
Baute er um sich herum
Ein Zeitungsimperium.

Kritisch sollt man sein beim Lesen,
Gilt fürs ganze Zeitungswesen,
Weil auch hier, in dieser Welt,
Dar Apfel nicht vom Stamm weit fällt.

* Zitat: Ich nehme mir das Recht heraus,
Frauen regelmäßig auszutauschen.

Kein Vorbild

Wer viermal ging die Ehe ein
Der kann im Land kein Vorbild sein;
Er selber jedoch meint das ist er,
Denn er wurde hier Minister.

Ein Minister, es fällt schwer,
Ihn zu sehn als Mann von Ehr,
Und mit solcher Führungskraft
Wird Vertrauen nicht geschafft.

Wer viermal ging die Ehe ein,
Hat keinen Sinn fürs wahre Sein,
Er liebt nur sich, den schönen Glanz
Der Scheinwelt, die umhüllt ihn ganz.

Der nächste Rechtsverkacker

Ein Amtsrichter schlug sich wacker
Als der nächste Rechtsverkacker,
Das will für den Richter heißen,
Dieser tat mich auch bescheißen.

Wenn wir es hier recht betrachten,
Interessiert ihn kein Gutachten
Das aus den Verstandesquellen
Sollte sein Gehirn erhellen.

Den Gutachter anzuhören,
Könnte seine Ruhe stören,
Da zieht er es vor zu schlafen
Wohlig auf den Paragraphen.

Vielen Dank

Vorausgegangen war in diesem Fall
Im wahrsten Sinn ein Schweinestall,
Den eine Mieterin, nur schwer zu fassen,
Nach einem Jahr zurückgelassen.

Das Zerstörte, der Gestank
Wird verfolgen mich noch lang,
Doch der Richter, welche Pleite,
Sah das Recht auf ihrer Seite.

Ich kann nur sagen: " Vielen Dank ",
Rechtsprechung machte oft schon krank,
Deshalb mein Buch, lest es liebe Leute :
" Deutsche Richter von damals bis heute ".

Lehrer Krafft

Lehrer Krafft, das Kraftpaket,
Kam zur Schule stets zu spät;
Um acht begann der Unterricht
Doch Krafft sah sich nicht in der Pflicht.

Die Klingel hatte längst geläutet,
Das hat ihm aber nichts bedeutet;
Betulich langsam kam er dann
Beim Schulgebäude endlich an.

Und dieser Mann , fett wie ein Schwein,
Der sollte uns ein Vorbild sein,
Verlangte strengste Disziplin,
So kannten seine Schüler ihn.

An einem Tag, das ist kein Witz,
Stand er mit offnem Hosenschlitz
Vor den Schülern an dem Pult,
Wurd als fetter Sack zum Kult.

Der Wagenknecht

Seiner Frau zum Wohlbehagen
Zieht der Oskar ihren Wagen,
Auf dem sie stolz oben sitzt,
Während er beim Ziehen schwitzt.

So bezeichnet man zu Recht
Oskar jetzt als Wagenknecht,
Der sich beugt ihrer Gewalt,
Wenn sie mit der Peitsche knallt.

Doch zuweilen lässt ad hoc,
Sie ihn unter ihren Rock,
Damit Oskar dann vergißt,
Daß ihr Wagenknecht er ist.

Bilderbuch des Lebens

Im Sessel sitzt der alte Mann,
Geschlossne Augenlider,
Gleichwohl schaut er die Bilder an,
Die sein Gehirn gibt wider.

So sieht er in sein Bilderbuch,
Das Bilderbuch des Lebens,
Der Liebe, Leidenschaft und Fluch
Und seines ganzen Strebens.

Dies Bilderbuch, das kennt nur er,
Wird mit ihm bald vergehen
Und er verbringt Zeit mehr und mehr,
Um dort hineinzusehen.

Die Lebenszeit

Woraus besteht die Lebenszeit ?
Aus Zukunft und Vergangenheit ;
Vergangenheit wird täglich länger,
Damit die Zukunft immer enger.

Dann kommt der Tag, es ist soweit,
Zu Ende ist die Lebenszeit,
Es tritt ein die Vergessenheit
Bis hin in alle Ewigkeit.

Der Tod

Der kleine Tod kommt jede Nacht,
Höhlt uns im Schlafe wohlig ein
Bis man des Morgens früh erwacht,
Geht in den neuen Tag hinein.

Der kleine Tod in unsrem Leben,
Er stärkt, gibt Kraft, gehört dazu,
Doch dann wird er uns übergeben
Dem wahren Tod zur ewgen Ruh.

Susns Lebenssinn

Susn raucht bereits im Bette
Ihre erste Zigarette,
Hat es täglich bis zur Nacht
Dann auf vierzig Stück gebracht.

Meint, daß ohne Zigarette
Lebensfreude sie nicht hätte,
Die Gefahr vom Raucherbein
Wär dagegen eher klein.

Auch vom Kehlkopf den Verlust
Nimmt in Kauf sie ganz bewußt,
Schließlich muß doch jeder sterben,
Und dann freuen sich die Erben.

Ohne Freunde kann sie leben,
Doch das Rauchen nicht aufgeben,
Denn sie sieht für sich darin
Den verbliebnen Lebenssinn.

Susn halt ein

Susn raucht und Susn trinkt,
Was mir ganz besonders stinkt;
Sie zeigt damit nämlich an,
Daß sie nicht recht bei Trost sein kann.

Recht bei Trost muß sie schon sein,
Sonst lad Susn ich nicht ein,
Denn ist sie im Kopf nicht klar,
Wird sie unberechenbar.

Also Susn geh in Dich,
Zieh endgültig einen Strich,
Halte Geist und Körper rein,
Mach nicht länger Dich gemein.

Susns Anruf

Was im meinem Kopf geht rund
Tu ich in Gedichten kund,
Heute war es nun die Susn,
Sie könnt zähln zu meinen Musen.

Was sie mir hat anvertraut,
Hab ich noch nicht ganz verdaut;
Sollt die Kenntnis sich verdichten,
Werd darüber ich berichten.

Auch im Denken ist sie schnell,
Schon ein kleiner Geistesquell,
Und es liegt in ihrem Wesen
Sich zu bilden und zu lesen.

Fehlt, daß sie den Geist gebraucht
Und demnächst auch nicht mehr raucht,
Ist der Trunksucht sie entronnen,
Hat sie gleich noch mal gewonnen
Und ist dann schon fast vollkommen.

Verschiedenes in Kurzfassung

Mein bester Freund

Den besten Freund hab ich gefunden,
Der werde ich mir selber sein,
Und so wie wir sind fest verbunden,
Kann nichts im Leben uns entzwein.

Einsames Ich

Im einsamen Ich
Brauch ich nur noch mich,
Ein wenig zu essen
Und Schlaf reich bemessen.

Klüger im Nachhinein

Ob dieses oder das gelingt,
Wer weiß schon, was die Zukunft bringt,
Da dürfte man im Nachhinein
Wohl meistens etwas klüger sein.

Wer war schlauer

Immanuel und Schopenhauer,
Wer von beiden war wohl schlauer ?
Arthur meinte, sein Verstand
Wär ebenbürtig dem von Kant.

Mehr Bewegung

Mein Freund, kommt es auch ungelegen,
Du mußt Dich einfach mehr bewegen,
In der Bewegung liegt die Kraft,
Die neues Denkvermögen schafft.

Ausweichen !

Wer betrügt, geht über Leichen,
Dem sollt man die Hand nicht reichen,
Sondern tunlichst ihm ausweichen.

Fit bleiben

Ich ging heute mit mir mit,
Mit meinen Beinen Schritt für Schritt,
Mit meinen Füßen Tritt für Tritt,
So halt ich meinen Körper fit.

Links liegen lassen

Ich geh mit mir durch diese Welt
Und wenn sie sich mir widrig stellt,
Dann werde ich abbiegen
Und lasse sie links liegen.

Dankbar

Viel wird sich da nicht mehr ergeben
In diesem kurzen Rest vom Leben,
Was war, es könnt weit schlimmer sein
Und dafür sollt ich dankbar sein.

Aufrecht stehn !

Aufrecht stehn, aufrecht stehn,
Aufrecht durch das Leben gehn,
Das soll unsre Richtschnur sein,
Dafür setzen wir uns ein.

Aufrecht stehn, aufrecht stehn,
Mutig durch das Leben gehn,
Mit gebückten Rücken nein,
Machen wir uns nicht gemein.

Aufrecht stehn, aufrecht stehn,
Dem Staat auf die Finger sehn,
Gegen unrechtes Geschehn
Hilft nur eine Gegenwehr,
Sonst gibt's Freiheit bald nicht mehr.

Nicht beugen

In dieser Welt
Auf mich gestellt,
Kämpf ich allein
Fürs eigne Sein.

Das heißt für mich,
Nicht beugen sich
Und aufrecht stehn
Bis zum Vergehn.

Zum Grundgesetz

Was nützt uns das Grundgesetz,
Wenn sie sich nicht dran halten,
Die richterlichen Rechtsverdreher
Und andre Rechtsgestalten.

Dann steht es auf sehr schwachem Grund
Das gute Grundgesetz,
Und letztlich bleibt nur der Befund:
Nichts weiter als Geschwätz.

Weitere Bücher von Hubertus Scheurer:

Ein Lyrikcocktail der Gedanken
Taschenbuch: *3,50 EUR*
ISBN-10: 3739259264
ISBN-13: 978-3739259260

Kaum zu Glauben
Taschenbuch: *3,50 EUR*
ISBN-10: 3743145421
ISBN-13: 978-3743145429

Ein sogenannter Rechtsanwalt wird zur
Kack-Phantom-Gestalt
Taschenbuch: *3,70 EUR*
ISBN-10: 3739263938
ISBN-13: 978-3739263939